AF439011

BIBLIOTHÈQUE PÉDAGOGIQUE

MANUEL D'ENSEIGNEMENT

DE LA

MÉTHODE CHORALE ENFANTINE

APPLIQUÉE

DANS LES ÉCOLES MATERNELLES

PAR

Mlle Laure COLLIN

PROFESSEUR DE CHANT A L'ÉCOLE NORMALE SUPÉRIEURE DE FONTENAY, A L'ÉCOLE
NORMALE DES INSTITUTRICES DE LA SEINE,
A L'ÉCOLE NORMALE MATERNELLE DE SCEAUX ET AU COURS NORMAL
DES DIRECTRICES D'ÉCOLES MATERNELLES DE PARIS

PRÉCÉDÉ D'UNE PRÉFACE

Par M. BOURGAULT-DUCOUDRAY

Ouvrage honoré d'une souscription ministérielle

PARIS

LIBRAIRIE CH. DELAGRAVE

15, RUE SOUFFLOT, 15

1883

MANUEL D'ENSEIGNEMENT

DE LA

MÉTHODE CHORALE ENFANTINE

APPLIQUÉE

DANS LES ÉCOLES MATERNELLES

PAR

Mlle Laure COLLIN

PROFESSEUR DE CHANT A L'ÉCOLE NORMALE SUPÉRIEURE DE FONTENAY, A L'ÉCOLE
NORMALE DES INSTITUTRICES DE LA SEINE,
A L'ÉCOLE NORMALE MATERNELLE DE SCEAUX ET AU COURS NORMAL
DES DIRECTRICES D'ÉCOLES MATERNELLES DE PARIS

PRÉCÉDÉ D'UNE PRÉFACE

Par M. BOURGAULT-DUCOUDRAY

Ouvrage honoré d'une souscription ministérielle

PARIS

LIBRAIRIE CH. DELAGRAVE

15, RUE SOUFFLOT, 15

1883

PRÉFACE

La première fois que j'eus l'occasion d'assister au cours de musique fait par Mlle Collin à l'École maternelle, annexe de l'École normale des Batignolles, je fus absolument émerveillé des résultats qu'elle y obtient. Ses quarante élèves des deux sexes, âgés de cinq ou six ans au plus, s'élançaient à la conquête des premières difficultés du solfège avec la solidité et l'entrain de vieilles troupes montant à l'assaut.

Pour eux, c'était un jeu de nommer et de chanter les notes écrites au tableau, de solfier la gamme en la rythmant d'une manière variée et en battant la mesure, de reconnaître les sons émis par le professeur et de les écrire sur leurs ardoises. Mais je faillis crier au miracle, quand je vis Mlle Collin tracer au tableau une phrase musicale *à deux parties*, la faire déchiffrer par toute la classe, puis effacer la *basse* et *faire chanter cette basse de mémoire* par la moitié des élèves, tandis que l'autre moitié solfiait la mélodie; et tout cela se faisant sans hésitation, sans effort et avec une joie toute spontanée.

Si Mlle Collin obtient de pareils résultats en moins d'une année, c'est, Dieu merci! sans l'aide d'aucun moyen surnaturel ni d'aucune recette miraculeuse. Le succès de son enseignement tient à ce qu'elle a étudié l'enfant, à ce qu'elle le connaît à fond, à ce qu'elle a une confiance illimitée dans la précocité de ses aptitudes musicales. Mlle Collin est persuadée qu'on peut tout obtenir de lui et l'intéresser à tout quand on sait lui parler la langue qu'il aime et mettre à profit ses merveilleuses facultés d'*action* et de *création*.

Mlle Collin, tout en enseignant aux enfants les premiers éléments de la lecture musicale à l'âge où d'ordinaire on se borne à leur faire chanter de petits airs appris de mémoire, ne méconnaît pas le principe d'après lequel la *pratique* doit précéder la *théorie* et la *sensation* être éveillée avant la *réflexion*.

Elle n'admet dans son cours que les enfants les plus âgés de l'École maternelle : les plus petits ne font rien autre chose pendant un ou deux ans que de répéter des chants appris par cœur; mais, placés dans une classe voisine, ils entendent les exercices d'*intonation* et de *mesure* que font leurs aînés et se mettent déjà dans l'oreille tout ce qu'ils apprendront un jour.

Le grand mérite de Mlle Collin ne consiste pas seulement à *avancer l'heure de la théorie*, en en dissimulant la sécheresse. Dans sa méthode, l'idée originale, la pensée mère, c'est l'organisation de l'enseignement *choral* enfantin. Au moyen du *jeu* décrit dans ce manuel, Mlle Collin développe dès le début chez l'enfant l'instinct de l'harmonie; elle lui fait contracter dès le premier âge l'habitude et le goût de la *musique en parties*. Généraliser un pareil enseignement et le continuer par une gradation non interrompue jusqu'à la sortie de l'école primaire, ce serait assurer à la France le premier rang parmi les nations chorales.

Au printemps de l'année 1882, M. le ministre de l'Instruction publique et des Beaux-Arts étant venu constater par lui-même les résultats dont je viens de parler, félicitait vivement Mlle Collin et lui demandait d'écrire et de publier sa méthode, afin que son enseignement pût se propager. C'est pour répondre au vœu ministériel que Mlle Collin fait paraître aujourd'hui son « *Manuel d'enseignement de la méthode chorale enfantine dans les Écoles maternelles.* »

Quelque temps avant la visite faite par M. le ministre à l'école du boulevard des Batignolles, une commission avait été nommée par lui, avec mission de constater les résultats d'une nouvelle expérience tentée par le même professseur dans un autre milieu.

Ayant eu l'honneur d'être désigné comme président de cette commission, j'ai suivi assidûment les leçons données par Mlle Collin aux enfants de l'École maternelle de la rue des Ursulines[1] et j'ai pu me rendre un compte exact de la méthode qu'elle emploie.

C'est parce que je suis convaincu de sa valeur, que je considère comme un devoir de la recommander à l'attention de tous ceux qui s'intéressent aux progrès de l'éducation musicale dans notre pays.

L.-A. BOURGAULT-DUCOUDRAY.

Paris, 31 décembre 1882.

AVERTISSEMENT DE L'AUTEUR

Il ne saurait être question de supprimer le chant dans les salles d'asile; cela équivaudrait à priver les enfants des images au moyen desquelles on leur inculque déjà tant de notions premières de toutes choses. Mais c'est à nous à tirer parti du goût naissant des tout petits enfants pour la musique, et à fonder, sur des bases saines et rationnelles, un enseignement qui ne manquera pas de donner ses fruits dans l'avenir.

L'enfant est apte à profiter de tout enseignement; il suffit de savoir le lui présenter sous forme de jeu, de graduer les exercices de manière à ce qu'ils ne lui paraissent jamais inabordables, et de les varier toujours afin qu'ils ne lui semblent ni fatigants ni ennuyeux.

Il est essentiel surtout de l'intéresser immédiatement, en faisant appel au plus tôt à ses facultés *créatrices*. Par exemple,

---

1. Cette école n'existe plus aujourd'hui; elle a été remplacée par l'École normale maternelle de Sceaux, où Mlle Collin dirige l'enseignement du chant, conjointement avec Mlle Duprez.

l'exercice mesuré et la phrase chorale composés par lui-même
l'amuseront beaucoup plus que l'exécution d'une mélodie ap-
prise, si jolie qu'elle puisse être.

Il arrive généralement que, dans les écoles maternelles, les
enfants sont sous la direction de deux personnes, dont l'une
s'occupe des plus grands et l'autre des plus petits, car il tombe
sous le sens que l'instruction ne saurait être distribuée au même
degré aux uns et aux autres. Quelques leçons sont peut-être
données à tous les enfants réunis ; mais il est évident que, lorsque par suite de certaines combinaisons locales, les petits assis-
tent aux leçons des grands, c'est sans y prendre part.

Je suppose donc que mon enseignement s'adresse à un groupe
d'enfants faisant leur dernière année d'école maternelle, c'est-à-
dire âgés de cinq ans à six ans et demi ; mais si, par suite d'une
division particulière des classes, il arrive que de plus jeunes
enfants, placés dans une salle voisine, ou dans la salle même où
je donne la leçon de musique, puissent en saisir et s'en assi-
miler quelque chose, ce sera toujours autant de fait pour l'année suivante.

Je n'admettrai au début, que les enfants chez lesquels j'aurai
constaté ces dispositions indispensables, la *justesse auditive et
vocale*. Mais cela ne m'empêchera pas de rappeler à moi, s'il
y a lieu, ceux que j'aurai d'abord éliminés, ou à qui j'aurai
imposé la *présence muette*. En effet, l'oreille et la voix sont
susceptibles de réforme, surtout dans la grande jeunesse.

Donc, après avoir examiné mes petits élèves, en leur faisant
répéter des *intonations données*, je les placerai de manière à ce
que les plus intelligents et les mieux doués puissent venir en
aide aux autres, et je ne tarderai pas à trouver des *moniteurs*,
qui deviendront bientôt d'excellents auxiliaires.

Mes premières leçons seront extrêmement courtes (dix minutes au plus) ; mais je les prolongerai dès que je m'apercevrai
que mes petits enfants y ont pris goût, ce qui aura lieu, certainement, aussitôt qu'ils commenceront à réussir.

MANUEL D'ENSEIGNEMENT

DE LA

MÉTHODE CHORALE ENFANTINE

APPLIQUÉE DANS LES ÉCOLES MATERNELLES

PREMIÈRE PARTIE

ÉTUDES PRÉPARATOIRES

CHAPITRE PREMIER

LECTURE DES NOTES

Sur la *portée* supérieure d'un tableau noir muni de quatre *portées*, j'écrirai une succession de 15 notes (du *si* grave au *si* aigu), qui y demeureront en permanence pour servir aux exercices de *lecture parlée et chantée*, et à l'étude des intervalles.

Puis, sur une des *portées* inférieures j'écrirai une gamme simple (*d'ut en ut*) où les noms des notes seront indiqués :

C'est au moyen de ces deux *portées* que se feront les exercices préparatoires de *lecture*, de *solfège*, et *d'intervalles*, basés sur de petits airs très connus des enfants. Comme nous ne pouvons pas encore leur parler des *valeurs*, je leur ferai *solfier* les airs notés ci-après, en indiquant les notes avec une baguette, d'abord sur la portée où les noms de ces notes sont écrits, et ensuite sur la *portée supérieure*, où on retrouvera les noms de mémoire; quant à la mesure, on l'observera aussi de souvenir; ma baguette marquera les temps d'arrêt.

FRÈRE JACQUES

MARLBOROUGH

1. Je me sers de la syllabe *do* pour le solfège, mais comme il faut que les enfants sachent bien que la note *do* s'appelle aussi *ut*, je leur dis qu'elle porte,

IL ÉTAIT UN' BERGÈRE

AH, VOUS DIRAI-JE, MAMAN

Nota. — Les exercices précédents, qui devront faire l'objet des premières leçons, sont circonscrits dans les limites de la gamme, mais si nous ne dépassions un peu ces limites, nous nous trouverions bientôt fort empêchés.

Ainsi que l'a dit très justement M. Crosti, dans son excellent ouvrage sur la voix des enfants, l'étendue vocale moyenne du jeune âge est de *mi* à *do*  nous nous servirons pourtant du *ré* et du *do* graves, qui à la vérité sont sourds chez les enfants, et qui n'ont pas de corps, mais qui sont destinés à en prendre en même temps que l'individu. Quant au *ré* aigu, il ne tardera pas à devenir

ainsi qu'eux, un prénom et un nom de famille. Cette explication, très puérile, les amuse et leur suffit.

une des bonnes notes du registre enfantin. Enfin, nous ne ferons du *mi* aigu qu'un usage restreint et prudent, mais la musique devant être, aux yeux des enfants mêmes, un art idéal, nous ne lui rognerons pas trop les ailes[1].

J'ajouterai donc bientôt à la gamme écrite sur la *portée* inférieure, c'est-à-dire sur celle où seront indiqués les noms des notes, les deux notes aiguës qui me deviennent nécessaires, et pour faire comprendre à mes petits enfants l'analogie qui existe entre les sons *do ré mi*, qu'ils ont trouvés au bas de l'échelle, et les sons *do ré mi*, qu'ils vont retrouver en haut, je leur ferai entendre d'abord ces sons, et je les leur ferai répéter après moi, en leur montrant au tableau les notes chantées.

Mêmes sons pris à l'octave les uns des autres :

Je ferai solfier l'air suivant, où les enfants trouveront l'emploi du *ré* et du *mi*, au grave et à l'aigu.

1. L'expérience acquise dans l'enseignement m'empêche d'admettre ce principe que les professeurs doivent s'abstenir de chanter avec leurs élèves. Les premiers sons doivent au contraire être guidés et soutenus comme les premiers pas, mais nous laisserons souvent nos petits enfants s'essayer sans notre aide, en attendant qu'ils puissent marcher seuls avec assurance.

CHAPITRE II

ÉCRITURE DES NOTES

Après m'avoir suivie dans les exercices précédents, mes petits élèves sauront parfaitement qu'il y a en tout 7 notes : *do ré mi fa sol la si*, qui montent et descendent comme sur les degrés d'une échelle, et qui peuvent se répéter, soit plus haut soit plus bas.

C'est à ce moment qu'on devra leur mettre entre les mains des ardoises rayées pour la musique. L'écriture les reposera de la lecture, et les deux études s'entr'aideront.

Pour plus de facilité, nous comparerons d'abord les cinq lignes de la *portée* aux cinq doigts écartés de la main gauche étendue, le pouce correspondant à la première ligne, ou ligne du bas :

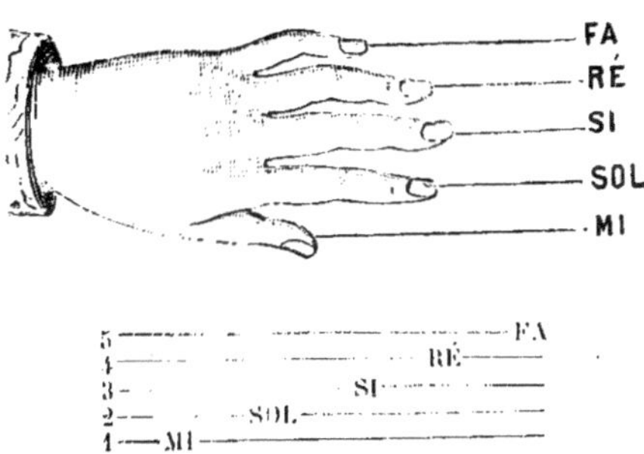

Je ferai alternativement nommer aux enfants ces 5 notes sur leurs doigts et sur les cinq lignes d'une des *portées* du tableau (*portée à vide*[1]), tantôt en suivant l'ordre et tantôt en l'intervertissant, et ils s'exerceront à dessiner sur leurs ardoises des notes *rondes*, qu'ils

---

1. Pour cet exercice, il n'est pas nécessaire que les notes soient écrites sur la *portée*. On les fera nommer sur la place qu'elles doivent y occuper.

placeront aussi sur les cinq lignes. Ce sera leur première leçon d'écriture.

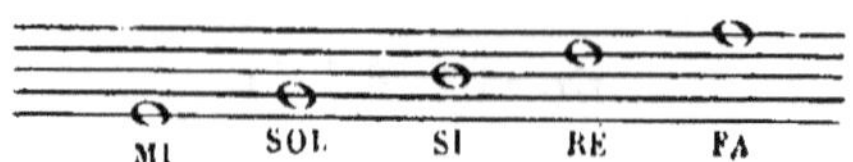

Rien de plus facile ensuite que de placer un *fa* entre le *mi* et le *sol*; un *la* entre le *sol* et le *si*; un *ut* entre le *si* et le *ré*; un *mi* entre le *ré* et le *fa*; puis d'ajouter un *ré* au-dessous de la première ligne, et un *sol* au-dessus de la cinquième :

Enfin, on apprendra à tracer une ligne *supplémentaire supérieure* pour recevoir le *la* et le *si aigus* que nous n'écrirons que pour savoir où ils se trouvent; et une ligne *supplémentaire inférieure*, pour recevoir le *do* ou *ut* grave, qui nous est indispensable, et on écrira par la même occasion le *si* grave, dont nous nous servirons quelquefois; enfin, on s'amusera à dessiner la clé de sol au commencement des lignes :

Aussitôt que les enfants connaîtront bien la place des notes, on pourra les leur faire écrire, ainsi qu'on les leur fait lire, *sans ordre suivi*, et dès lors la durée de la leçon pourra sans inconvénient, être prolongée de quelques minutes, c'est-à-dire que l'on divisera *un quart d'heure* entre la lecture, l'écriture, et la répétition *solfiée* d'un ou plusieurs des petits airs notés[1].

1. Ces petits airs m'ont rendu grand service dans les salles d'asile où j'ai trouvé

CHAPITRE III

INTERVALLES

Voilà donc la *lecture parlée* et l'écriture musicale en bon chemin. Déjà l'enfant a compris que chaque note a, non seulement un nom, mais encore un *son* spécial, et, dans le but de retrouver, peut-être même d'*écrire des airs*, il commence à désirer connaître et discerner les sons.

C'est alors que je lui montre un petit instrument très curieux, qui donne le *la*, et d'après lequel nous apprenons à former toutes les autres notes. Avant chaque exercice chanté, j'ai soin d'établir exactement le ton d'*ut* d'après ce *la*, de la manière suivante :

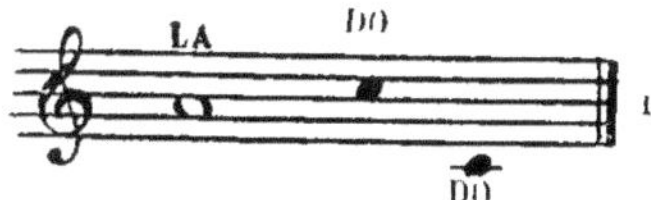

des enfants n'ayant encore aucune idée de la musique. C'est grâce à eux que j'ai réussi à leur faire comprendre qu'il pouvait être utile d'apprendre à monter de degré en degré, comme dans *Frère Jacques;* ou de deux degrés, comme dans *Marlborough*, etc., etc.

J'engage donc vivement les professeurs à imiter mon exemple, et à consacrer leurs premières leçons à l'étude de ces petits chants, étude que l'on pourra presque de suite alterner avec celle des intervalles correspondants ci-après. Mais quand les élèves sauront faire l'exercice de *seconde*, on abandonnera *Frère Jacques;* lorsqu'ils sauront l'exercice de *tierce*, on abandonnera *Marlborough*, etc., etc., de même que lorsqu'ils sauront retrouver le nom des notes sur l'*échelle* où ces noms ne sont pas écrits, et la place de ces mêmes notes sur leurs ardoises, on pourra effacer du tableau la seconde *échelle*, où les noms sont indiqués.

1. Il est à remarquer qu'au bout de très peu de temps les enfants retrouvent d'eux-mêmes ces notes, qui leur sont devenues familières, et sont capables de les donner fort *justes*, même sans *diapason*. Ainsi se développe tout naturellement, chez eux, la faculté de reconnaître le *son absolu*, faculté qui manque à beaucoup de musiciens instruits, dont la première éducation a été négligée.

Puis, j'explique que la première chose à faire c'est d'apprendre à gravir tous les degrés de l'*échelle*.

Dans ce but, nous allons nous exercer à monter et à descendre d'un degré, ensuite de trois, de quatre, de cinq, de six, de sept, de huit, comme dans les exemples ci-dessous :

Septièmes.

Octaves.

L'étude de chaque intervalle pourra faire l'objet d'une leçon, en y joignant bien entendu la répétition des intervalles précédemment étudiés. Une fois qu'on aura réussi à mettre les petits élèves en possession de cet outillage essentiel, on aura, pour ainsi dire, partie gagnée.

Voici d'autres exercices, que les professeurs distribueront à petites doses, et en continuant toujours les études précédemment indiquées, auxquelles viendront s'adjoindre en outre, et très prochainement, les exercices de mesures. (Voyez page 16.)

Secondes.

Tierces.

Quartes.

Quintes.

Sixtes.

Intervalles renversés.

(Les chiffres indiquent la nature de l'intervalle.)

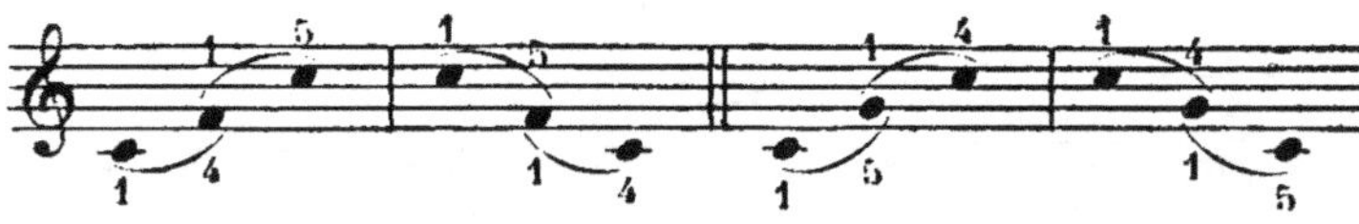

Intervalles croisés.

Ainsi que je viens de le dire, il faut distribuer ces exercices à *petites doses*, afin d'en *bien dissimuler la difficulté réelle*. Ce n'est que lorsque les élèves pourront les chanter, pour ainsi dire, *de routine*, qu'il sera bon de les faire répéter tous au début de chaque leçon.

Du reste, aussitôt que les premiers intervalles auront été compris, je ferai commencer la *lecture chantée* et la *dictée vocale*, c'est-à-dire que les enfants devront: 1° donner *l'intonation* des notes que je leur montrerai, *sans ordre*, sur *l'échelle* écrite au tableau; 2° me dire le nom des notes que je leur ferai entendre, *également sans ordre apparent*, et écrire ces notes sur leurs ardoises.

EXEMPLES DE LECTURE ET DE DICTÉE

CHAPITRE IV

MESURES

Ici, ce qui va devenir l'amusement de mes petits élèves, c'est *l'action et le mouvement*. Ils ont déjà appris, dans leurs classes, à *marcher au pas*, et la régularité du chant ne leur est pas non plus étrangère. Il s'agit de lui donner une précision rigoureuse, et pour cela, il est indispensable d'apprendre à *battre la mesure*.

Voici un moyen de faire comprendre aux enfants des salles d'asile les mouvements qu'il faut faire en *battant la mesure*.

La mesure à 2 temps se bat en disant d'abord : *terre — plafond:* puis on alterne en disant : *un — deux.*

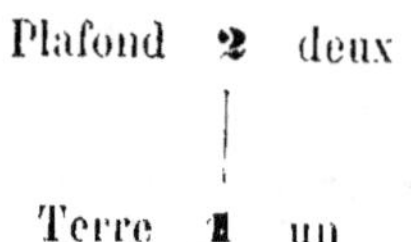

La mesure à 3 temps se bat en disant: *terre — préau — plafond;* puis on alterne en disant : *un — deux — trois.*

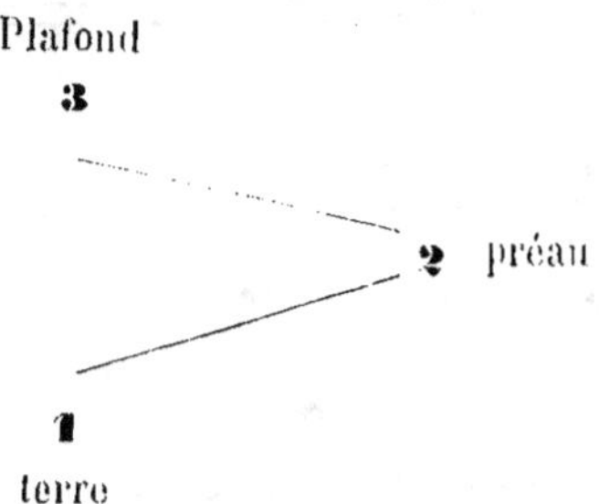

La mesure à 4 temps se bat en disant : *terre — jardin — préau — plafond;* puis on alterne en disant : *un — deux — trois — quatre.*

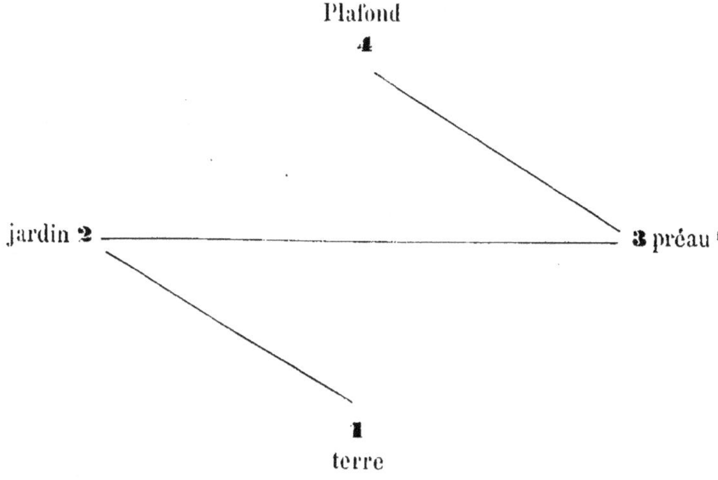

CHAPITRE V

FIGURES DES VALEURS

Bien que la *lecture* et la *dictée mesurées* soient réservées au second degré de l'enseignement, il est bon que nos petits enfants, à qui nous apprendrons bientôt des *airs*, soient initiés, jusqu'à un certain point, aux divisions de la mesure.

Ils savent déjà qu'il y a 7 notes ; ils retiendront bien aisément qu'il y a également 7 figures de notes, et 7 figures de *silences* correspondants, car il faut aussi apprendre à *se taire* en mesure.

On peut sans inconvénient leur faire répéter les noms de ces figures de notes et de silences, quoique, dans notre année scolaire enfantine, nous n'ayons à employer que des doubles-croches au plus, et encore très rarement.

1. Il va sans dire que si l'on avait le jardin à droite au lieu de l'avoir à gauche et le préau à gauche au lieu de l'avoir à droite, on changerait de côté ces désignations, dont Mme Mercier, directrice de la salle d'asile à l'école Pape-Carpantier, a eu l'initiative.

Nous mettrons donc en fait que les 7 figures de notes et les 7 figures de silences sont :

La ronde	 Silence équivalent : la pause
La blanche	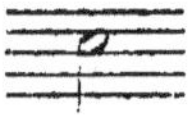 La demi-pause
La noire	 Le soupir 
La croche	 Le demi-soupir 
La double croche	 Le quart de soupir 
La triple croche	 Le huitième de soupir 
La quadruple croche	 Le seizième de soupir 

C'est là tout notre bagage théorique, et nous n'en ferons pas abus. Je pourrai, cependant, dessiner ces figures au tableau pour en donner une idée à mes petits enfants, et surtout pour tenir leur curiosité en éveil, en attirant leur attention sur l'originalité de ces figures, dont l'analogie est amusante.

Ils auront bientôt saisi que la pause et la demi-pause se font vis-à-vis dans le même interligne ; que le *soupir* est un sept renversé ; que les quatre derniers silences sont armés d'autant de crochets que la figure de note qu'ils remplacent, etc.

CHAPITRE VI

GAMMES MESURÉES

Aussitôt que les enfants auront compris et appliqué la *gymnastique* de la mesure à 2 *temps*, je commencerai à leur faire chanter la gamme, tout en battant la mesure eux-mêmes, ce qui est déjà un commencement de *l'intonation jointe à la mesure*. Cet exercice devra se faire non pas avec mollesse et indécision des mouvements, mais avec une précision mécanique, et s'il se peut, avec *feu et entrain*.

La figure que nous emploierons premièrement est la *blanche,* sur laquelle on bat deux temps.

Deuxièmement, la *noire*, sur laquelle on bat un temps.

Troisièmement, la *croche,* qui vaut un demi-temps (c'est-à-dire qu'il faut deux *croches* pour remplacer la *noire*.)

Nous ferons ensuite d'autres combinaisons, et nous alternerons
d'abord une *noire* avec deux *croches*, et *vice versa*.

Ensuite nous remplacerons une *noire* par un *silence*, et l'on aura bien soin d'interrompre le son au second temps.

Enfin nous prolongerons la première note de la moitié de sa valeur, en ajoutant un point, et nous terminerons le second temps par une *croche*. (Ce 2me temps commençant sur le point.)

Lorsque les gammes à 2 temps auront été comprises, on pourra faire choisir aux enfants les *valeurs* qu'ils préféreront; ils arriveront ainsi à s'en rendre compte exactement; et ils s'intéresseront au rythme dès le moment qu'ils s'exerceront à le *créer*.

GAMMES A 3 TEMPS

Une *noire* pour chaque temps.

Une *blanche* et une *noire*.

Une *blanche pointée*.

Une *blanche* et un *soupir*.

Une *blanche* et deux *croches*.

Deux *croches*, une *noire* et un *soupir*.

Une *noire*, un *soupir*, une *noire*.

Une *noire*, un *soupir*, deux *croches*.

Une *noire* et quatre *croches*.

Une *blanche* et un *triolet* (3 notes pour 2).

GAMMES MESURÉES A 4 TEMPS

Avec la mesure à 4 temps, on pourra commencer à combiner des *Marches*.

Enfin on pourra introduire le *triolet*, comme dans le dernier exercice à 3 temps.

Les professeurs pourront varier ces exercices à leur gré, et en faire trouver de nouveaux à leurs petits élèves.

Il sera bon aussi d'accoutumer les enfants à dessiner sur leurs ardoises les différentes figures de notes. Un excellent exercice, qui m'a parfaitement réussi, consiste à leur faire écrire de mémoire les petits airs qui ont servi à la première étude des intervalles. On les leur note d'abord phrase par phrase au tableau, de manière à ce qu'ils aient le modèle sous les yeux si la mémoire de l'oreille fait défaut. J'ai remarqué qu'ils trouvaient du plaisir à se sentir capables d'écrire eux-mêmes ces airs connus, et à les relire sur leurs ardoises. Cela équivaut presque pour eux au charme de dessiner une petite maison ou un objet familier.

DEUXIÈME PARTIE

JEU DES ÇARTES HARMONIQUES

Les exercices précédents, qui devront être continués pendant toute la durée de l'année scolaire [1], ne sont que l'acheminement vers le but principal que nous poursuivons, qui est *l'enseignement choral mis à la portée de l'enfance*, seul résultat vraiment original de ma méthode.

Qu'il me soit permis d'entrer ici dans quelques explications au sujet de l'invention du *jeu des cartes harmoniques*, dont l'emploi va nous devenir nécessaire.

Les idées les plus simples sont quelquefois bien lentes à se développer, mais aussi un rien peut suffire à les faire naître. Pendant *l'Exposition universelle* (1878), il m'arrivait souvent de rester aux environs de la case où était placé mon livre, et de chercher à recueillir les opinions des visiteurs. Or, un jour, un groupe d'instituteurs et d'institutrices belges me fit l'honneur de stationner près de cette case. Une jeune dame, à qui je voudrais pouvoir témoigner particulièrement ma gratitude, s'étant écriée : *Ah! voilà de l'enseignement choral enfantin!* toute sa société s'arrêta à examiner mon ouvrage. L'appréciation fut juste, quoique bien rapide, et j'eus le plaisir d'entendre louer mes principes. Avant de passer outre, un de ces messieurs demanda au gardien s'il n'y avait pas quelque part un tableau ou quoi que ce fût, qui servît de moyen matériel à l'application de cette méthode. La réponse, je ne l'entendis pas, mais je la

1. C'est à dire qu'au début de chaque leçon, on consacrera quelques minutes à la répétition rapide des exercices de mesures et d'intervalles, ainsi qu'à la lecture *parlée et chantée*, sur l'échelle écrite au tableau (*échelle permanente*).

fis en moi-même. Non, il n'y avait rien, et en effet, il était nécessaire qu'il y eût quelque chose, car je voyais bien avec quel intérêt on examinait tout le matériel scolaire, si ingénieux et si riche.

Ces instituteurs étaient dans le vrai. Il faut toujours pouvoir mettre à la disposition de l'enfant des *procédés manuels d'application*. Vous avez conçu, il exécute. Hors de là, rien n'est viable, et toute votre pédagogie sera sans cela frappée de stérilité.

Il fallait donc à tout prix inventer un *jeu*, mais quel serait-il? La première pensée qui devait me venir et qui me vint en effet, ce fut de combiner quelque chose d'analogue au *jeu des lettres mobiles*, que l'on emploie pour apprendre aux enfants la formation des mots. Oui, c'était bien cela; j'aurais des cartons, portant chacun un accord de deux notes, et par la réunion de ces cartons on obtiendrait des phrases chorales aussi primitives que les *phrases parlées*, qui servent aux mères et aux institutrices pour faire comprendre aux enfants l'assemblage des mots, et leur donner les premières notions d'orthographe.

Il y a certainement, dans l'un et l'autre cas, nécessité d'un léger effort d'application, mais qu'apprendrait-on sans cela? Nos enfants étant de futurs lutteurs dans la bataille de la vie, ne devons-nous pas, tout en leur aplanissant les difficultés, leur fournir cependant les moyens de les vaincre?

Et quel immense avantage de pouvoir leur inculquer, dès la plus grande jeunesse, la connaissance première de l'harmonie! car non seulement notre population se trouve à cet égard en infériorité manifeste, mais parmi les personnes cultivées, et soi-disant musiciennes, combien en est-il qui puissent exécuter leur partie dans un chœur sans être troublées par la partie voisine?

Développons chez l'enfant le sentiment harmonique, et le problème qui consiste à former de bons lecteurs et des choristes solides sera résolu. Le goût des grandes exécutions chorales populaires s'est répandu déjà parmi nous. Il ne fera que s'étendre de plus en plus, et nous y contribuerons en établissant les bases d'une éducation musicale rationnelle et féconde.

A l'œuvre donc! et puisque nous nous adressons à l'enfance, déguisons notre enseignement sous forme d'un jeu qui soit capable de la séduire. Ce jeu, nous le ferons d'abord fonctionner sous les yeux de nos jeunes élèves et nous les y intéresserons. Bientôt ils voudront nous aider à choisir des cartes, et à les placer de manière à produire à leur tour quelque chose de satisfaisant.

Quel plaisir ensuite d'entendre ce qui aura pu sortir de là ! Nous nous joindrons à nos petits enfants pour exécuter immédiatement ces courtes phrases chorales, formées par eux-mêmes aussi bien que par nous. Ces premiers essais de composition tiendront leur curiosité en éveil, et en les y associant, nous développerons leurs facultés créatrices intinctives. C'est ainsi que nous ferons disparaître de notre enseignement ce qu'il pourrait avoir d'aride, pour en faire ressortir au contraire tout ce qui peut devenir agréable et amusant. Telle est la succession d'idées qui m'amena à chercher la combinaison du *Jeu des cartes harmoniques*, et je n'étonnerai personne en ajoutant que j'en fus pendant quelques jours complètement absorbée. Chacun sait aussi comment tout vient se grouper autour d'une première idée heureuse. C'est un enchaînement de conséquences qui naissent les unes des autres, et si chaque chose ne vient pas tout d'abord à son point, elle ne tarde pas à s'y ranger forcément, et à se réduire d'elle-même aux proportions imposées par l'homogénéité de l'ensemble.

Du reste, je n'ai lieu de regretter ni mon temps ni mes peines, car, tel qu'il est, le *jeu des cartes harmoniques* m'a déjà rendu de réels services, et je le crois destiné à conquérir sa place dans l'instruction publique.

Une brève description des éléments dont se compose le jeu est nécessaire avant que j'indique comment on devra procéder.

La boîte qu'on trouvera figurée à la page suivante a la forme d'un carré long. Elle est intérieurement divisée en vingt-quatre cases qui reçoivent les cartes nécessaires pour former des phrases chorales.

Chaque case contient quatre cartes semblables.

Les cartes se trouvent cachées, mais une étiquette indicatrice surmonte chaque case et offre aux yeux la reproduction en petit des cartes qu'elle contient.

Le casement des cartes dans la boîte, indiqué par la figure ci-contre, n'a pas été fait au hasard. Au contraire on a placé autant que possible à la suite les uns des autres les accords qui pouvaient s'y rencontrer [1].

1. La carte représentant la *clef de sol* est indifféremment placée sur les étiquettes sous le couvercle, ou dans l'une quelconque des cases.

Les cartes extraites des cases par la maîtresse sont rangées debout contre un tableau noir (habituellement annexé au *boulier* des écoles primaires) ; ce tableau est muni de trois ou quatre baguettes creuses horizontales séparées les unes des autres par une distance égale à la hauteur des cartes.

Vue de la boîte des cartes harmoniques.

Aussitôt que l'enfant a entrevu cette boîte d'où va sortir un jeu, il désire ardemment le voir fonctionner et il ne faut pas le faire languir.

CHAPITRE PREMIER

Je mets en fait qu'au bout d'un mois, des élèves qui auront reçu chaque jour un *quart d'heure de leçon de lecture parlée et chantée* ainsi que *d'écriture musicale*, pourront commencer sans retard

l'étude chorale au moyen des cartes, et voici comment nous y procè-
derons.

Je ferai d'abord la *dictée vocale* des trois notes suivantes :

Les enfants *devineront* les noms de ces notes, dont je n'aurai donné
que les intonations ; ils me diront leur place sur la *portée*, et les

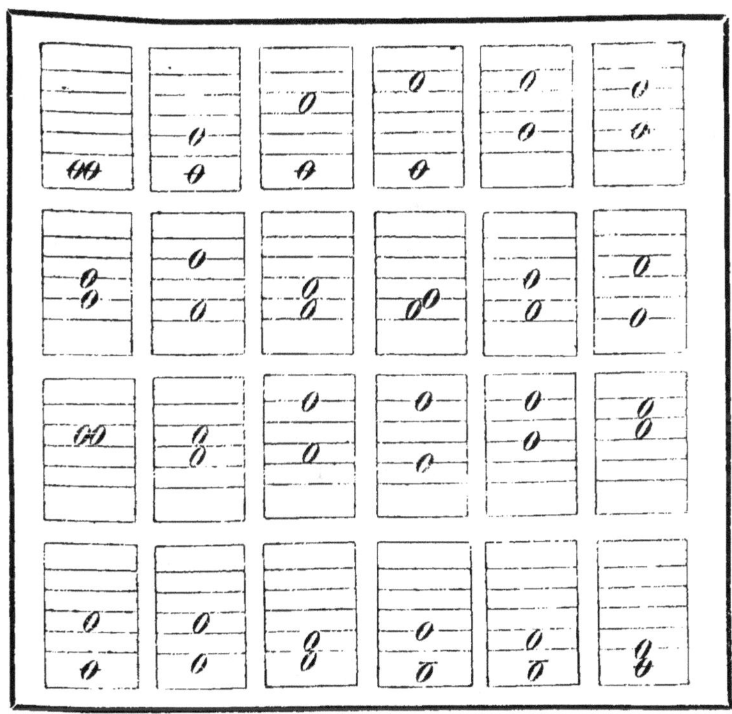

Ordre de placement des cartes dans la boîte.

écriront sur les ardoises, tandis que l'un d'eux les écrira au tableau.

Je circulerai dans les rangs pour vérifier l'exactitude de l'écriture
et je ferai ensuite chanter ces trois notes à l'unisson.

Puis je prendrai, dans leurs cases, les cartes nécessaires pour former la phrase à deux parties.

Je mettrai ces cartes en ligne sur un deuxième tableau disposé pour les recevoir, et sur lequel j'aurai placé préalablement une *clef de sol.*

2e tableau 

Je ferai alors reprendre la partie supérieure par tous mes élèves, et je chanterai moi-même la basse.

J'ai remarqué que les enfants étaient immédiatement séduits par l'impression de ces sons simultanés, et c'est sans la moindre difficulté que je leur inspire le désir de reproduire à eux tout seuls cet effet d'ensemble choral.

Dans les écoles maternelles, les garçons et les filles sont généralement disposés en deux groupes, et dans chacun de ces groupes sont placés des *moniteurs.* Je maintiendrai cette division, et je ferai essayer la phrase à deux parties par les moniteurs d'abord, et ensuite par toute la classe, aussitôt que les moniteurs seront assez solides pour conduire leurs camarades.

CHAPITRE II

Je pense pouvoir, dès la seconde leçon chorale, demander la répétition *de mémoire* des accords étudiés précédemment, et, dans le cas où la mémoire ferait défaut, on pourrait se remettre sur la voie en consultant la partie supérieure restée écrite sur le premier tableau; il ne resterait plus à chercher que la basse.

Quant aux cartes, elles doivent, après chaque leçon, être remises soigneusement dans leurs cases.

Je vais maintenant dicter une phrase nouvelle où les enfants retrouveront déjà un accord qui leur est connu, et dont ils pourront par conséquent me dire la basse.

Quand cette phrase dictée aura été écrite sur les ardoises et au tableau, puis chantée à l'unisson, nous commencerons à chercher les cartes, et l'on me dira quelle est la première à placer.

Ensuite je prendrai, la dixième *do-mi*, la quinte *sol-ré*, et l'unisson *ut-ut*.

Je placerai à mesure ces notes à la suite de la clef :

Je ferai étudier cette phrase chorale exactement comme la précédente. Si le résultat est déjà plus promptement obtenu et qu'il me reste du temps, je commencerai à faire redire la basse de mémoire, après avoir enlevé les cartes du second tableau, et on changera les parties, de manière à ce que chaque groupe chante alternativement la haute et la basse[2].

---

1. A chaque exercice nouveau j'indiquerai d'un astérisque les accords précédemment étudiés, et dont les enfants pourront retrouver la basse d'eux-mêmes.

2. Le seul classement de voix qu'il y ait à faire dans les écoles maternelles, où les voix sont *presque égales*, c'est de confier la première partie aux fillettes, dont le timbre est plus clair, et la seconde partie aux garçons. Mais dans l'intérêt de l'étude, on pourra, sans inconvénient, intervertir les parties.

Il n'y aurait donc nul changement à introduire dans l'application de ma méthode chorale si l'on séparait définitivement, ainsi qu'on a le projet de le faire, les filles des garçons. Mais pour ma part je le regretterais infiniment, parce que ce serait se priver d'un puissant moyen d'émulation, attendu qu'il existe toujours, tantôt du côté des filles, tantôt du côté des garçons, une petite supériorité qu'il est facile d'exploiter pour stimuler le zèle de la partie faible.

CHAPITRE III

Voici maintenant une série d'exercices du même genre, qui devront être étudiés de la même manière et dans le même ordre :

1. Dictée de la partie supérieure.
2. Vérification, et chant à l'unisson.
3. Placement des cartes pour la basse.
4. Étude des deux parties séparées et réunies.
5. Chant de mémoire de la basse sans l'aide des cartes.

EXERCICE 3

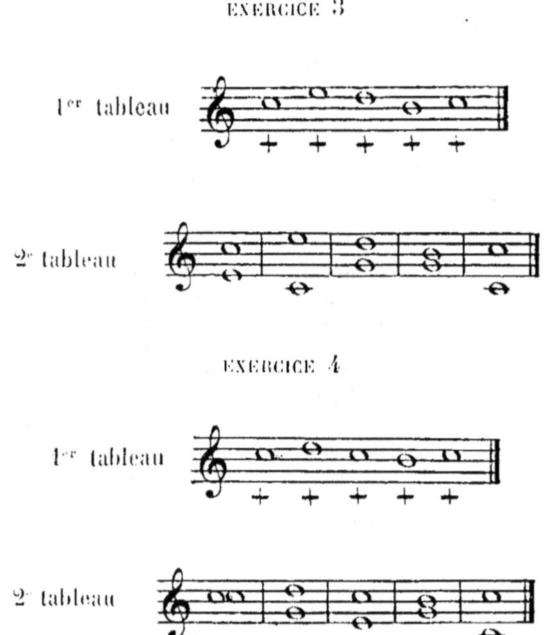

Pour former l'ensemble des exercices suivants, je prendrai *ut-ut,*

unisson grave, *do-sol* quinte ; *si-sol*, sixte, et je les réunirai lorsqu'il
le faudra aux accords choisis précédemment.

EXERCICE 5

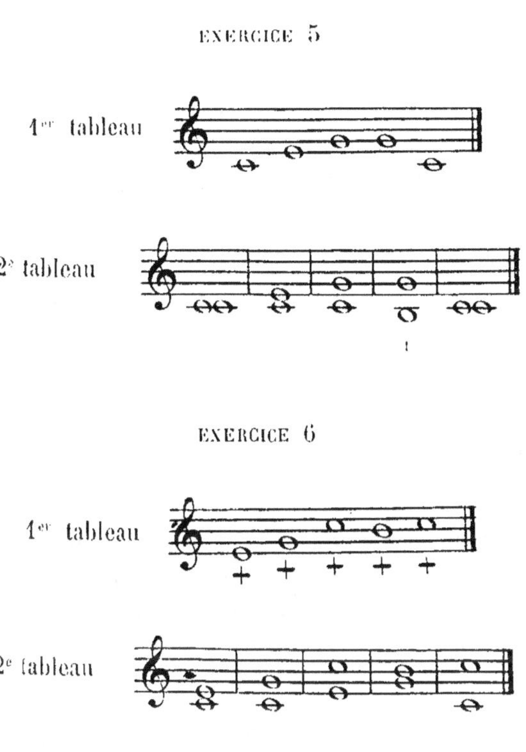

CHAPITRE IV

Aussitôt que mes petits élèves seront en possession de ces premiers
accords, je leur ferai faire de *l'improvisation chorale*, c'est-à-dire
que je leur *solfierai* des notes sous lesquelles ils chanteront immédia-

---

1. Ce n'est jamais que par exception que je ferai emploi du *si* grave, et il va
sans dire que j'aiderai mes petits enfants à en donner l'intonation.

tement une basse, et pour les guider dans le choix de cette basse, je l'indiquerai approximativement par des *mouvements* de la main. En voici un exemple.

En *solfiant* les notes suivantes, j'exécuterai les mouvements tracés au-dessous :

EXERCICE 7

et les enfants comprendront que ces notes doivent être ainsi accompagnées :

On devra faire revoir de la même manière les phrases chorales étudiées précédemment, ainsi que toutes celles qui suivront.

Quelquefois aussi j'indiquerai avec ma baguette les notes de basse à mettre sous une partie supérieure écrite au 1er tableau, exemple :

CHAPITRE V

Nos petits élèves, qui n'ont pas oublié qu'il y a sept notes dans la gamme, sont peut-être déjà surpris de n'en avoir retrouvé que cinq dans les phrases chorales précédentes. Nous allons introduire dans les phrases suivantes le *la* et le *fa*, et ces notes formeront un nouvel accord, au moyen duquel nous obtiendrons un peu de variété.

Je ferai la dictée de la phrase que voici :

EXERCICE 8

Nous placerons d'abord en ligne toutes les cartes connues, et quand il s'agira de l'accord *fa-la*, nous le prendrons dans sa case

Voici encore ci-dessous deux autres exercices pour l'emploi de l'accord *fa-la*.

EXERCICE 9

EXERCICE 10

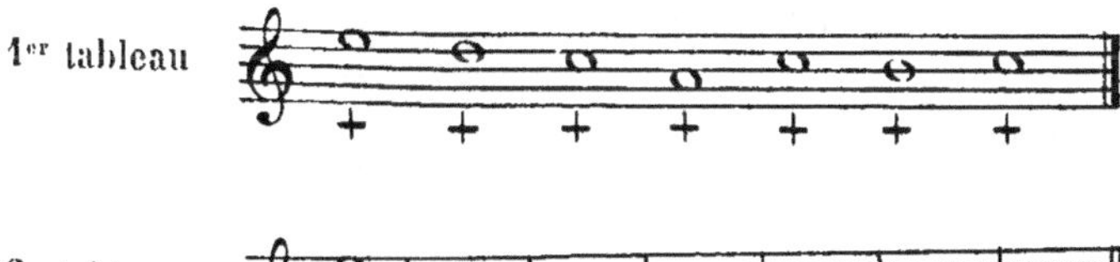

Dans la phrase suivante, il existe un accord que l'on ne peut employer qu'exceptionnellement, c'est l'accord *sol-mi* [1]. Lorsque les enfants s'exerceront au chant spontané de la basse, je leur indiquerai, par un mouvement ascendant de la main, qu'ils auront à chanter un *sol* sous le second *mi*.

EXERCICE 11

Enfin, j'introduirai un accord appartenant à la *série mineure* (*fa-ré*, et je mesurerai cette phrase en *blanches* et en *rondes*.

EXERCICE 12

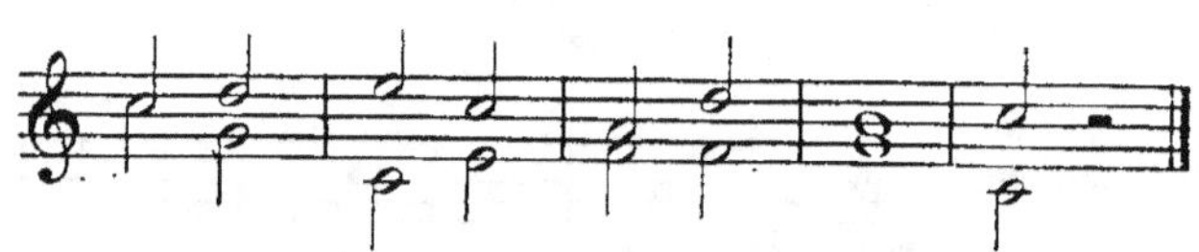

Tels sont les seuls éléments que nous puissions mettre à la disposition de nos petits chanteurs-harmonistes; dès qu'il les posséderont, on devra leur fournir l'occasion d'en faire usage. Nous les laisserons donc former ou plutôt *reformer* des phrases chorales, en choisissant eux-mêmes des cartes, mais sous notre direction, bien entendu.

1. Je ne crois pas devoir donner ici l'explication de cet accord, ni du chiffre qui sert à le désigner; ce serait empiéter sur le terrain technique, et je suis résolue à m'en abstenir.

CHAPITRE VI

Enfin, il est un dernier exercice qui intéressera vivement nos petits élèves, c'est celui qui consiste à faire retrouver et chanter de mémoire, par les enfants les mieux doués, que l'on prend séparément, la *partie mélodique* d'une phrase chorale, dont leurs petits camarades leur donnent la basse, en suivant avec une curiosité infinie ce produit de l'imagination d'un des leurs [1].

Là aussi il faudra guider les petits mélodistes dans le choix des notes qu'ils se proposeront de faire entendre, car il est à remarquer qu'ils sont généralement animés du désir de faire du nouveau, c'est-à-dire de l'impossible.

Voici quelques accords que nous pourrons introduire dans nos exercices, pendant que les enfants s'essaieront à retrouver les formules déjà étudiées.

EXERCICE 1

1. Mlle Chegaray, directrice de la salle d'asile annexée à l'école normale des institutrices de la Seine, a eu l'initiative de cet exercice. C'est avec le plus grand plaisir que je cite les professeurs formés par moi, et qui prêtent à ma méthode le concours de leur talent d'application. Le succès des moyens imaginés par eux est à mes yeux le témoignage le plus irréfutable de la fécondité de mon enseignement.

2. Je continue à marquer d'un astérisque les accords que les enfants peuvent retrouver. Quand il s'agira des derniers accords, nouvellement introduits, les professeurs en placeront la carte sans la demander à leurs élèves.

EXERCICE 2

1ᵉʳ tableau 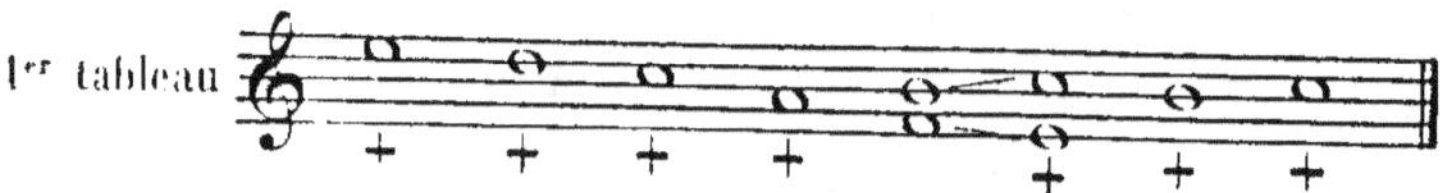

2ᵉ tableau 

EXERCICE 3

1ᵉʳ tableau 

2ᵉ tableau 

TROISIÈME PARTIE

MÉTHODE A SUIVRE

DANS LE DERNIER TIERS DE L'ANNÉE SCOLAIRE

CHAPITRE PREMIER

En admettant que la méthode ayant été appliquée avec soin et régularité, dès le début de l'année scolaire, ait donné des résultats satisfaisants, il sera bon, vers le dernier tiers de cette même année, de faire encore un pas en avant. C'est alors que l'on essaiera de transposer dans deux ou trois tons la plupart des exercices faits jusqu'alors en *ut*.

L'uniformité tonale de nos premiers exercices a eu cet immense avantage de développer chez nos élèves cette certitude d'oreille nécessaire pour discerner le *son absolu*. Grâce à l'emploi exclusif du ton d'*ut*, ils se sont familiarisés à tel point avec les sept notes de la gamme *naturelle*, que l'apparition du *fa dièse*, première *altération* employée, prend à leurs yeux les proportions d'un véritable événement. Cette *altération*, qui leur cause une surprise tout à fait amusante, est aussitôt reproduite qu'entendue, et il n'est nullement nécessaire de se lancer à son égard dans des explications épineuses.

Nous nous bornerons donc à dessiner au tableau ces trois nouveaux signes dont nous allons nous servir : le *dièse*, ♯ , qui hausse l'intonation de la note d'un demi-ton; le *bémol*, ♭ , qui la baisse également d'un demi-ton; enfin, le *bécarre*, ♮, qui annule le *dièse* et le *bémol*; et nos petits élèves imiteront ces signes sur leur ardoises.

CHAPITRE II

Avant de leur parler de la gamme de *sol*, à laquelle le *fa dièse* va donner naissance, je leur présenterai d'abord ce son comme jouant le rôle d'une *altération passagère* dans le ton *d'ut* ; l'effet du dièse alternant avec le bécarre en deviendra plus compréhensible et plus saisissant.

Voici quelques exercices qui m'ont déjà réussi. Je les ferai chanter en indiquant les notes avec ma baguette sur l'échelle écrite au tableau [1], et quand nous arriverons à la note *altérée*, je la ferai entendre d'abord, et mes élèves la répéteront après moi jusqu'à ce qu'ils puissent la former sans mon aide.

Fa dièse alternant le ton d'*ut*

1. Il est bien entendu que depuis longtemps nous avons enlevé du tableau

Aussitôt que mes petits enfants seront parvenus à me donner ce *fa
dièse*, avec justesse et sans hésitation, et qu'ils seront prêts également
ment à rendre immédiatement au *fa* son intonation primitive, je
pourrai leur dire que toutes les fois qu'il y aura dans nos morceaux
un *fa dièse permanent*, nous l'écrirons à la suite de la clef, et que
nous serons en *sol*.

CHAPITRE III

Mademoiselle Marie Duprez, professeur de chant à l'école Pape-
Carpantier[1], a composé, pour mes petits élèves à cette école, d'excellents exercices, qui les ont promptement familiarisés avec le ton de
sol.

On chantera les premières notes de ces exercices, que voici, et les
élèves les termineront en chantant les notes marquées de ce signe : ∧.

l'échelle d'*ut en ut* qui nous a servi pour apprendre aux enfants les noms des
notes, et que nous n'y avons laissé en permanence que l'échelle de quinze notes,
qui nous est toujours nécessaire pour la lecture et l'étude des intervalles.

1. Mlle Duprez, qui s'est faite mon adjointe dévouée pendant toute la durée de
mon essai à cette école (essai ordonné par M. le Directeur de l'enseignement primaire), est devenue l'un des professeurs sur lesquels je compte le plus pour
répandre ma méthode et en assurer le succès.

2
3
4
5
6
7
8
9

10

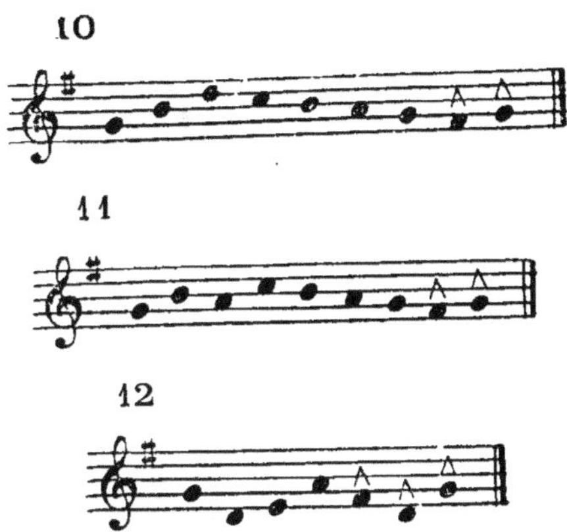

11

12

CHAPITRE IV

La variété des tons étant désormais pour mes petits enfants un fait acquis, ils ne s'étonneront pas de me voir mettre maintenant un *bémol* à la clef, et je leur dirai que ce *bémol*, altérant le *si*, nous conduit dans la gamme de *fa*.

Exercices du ton de *fa*.

1

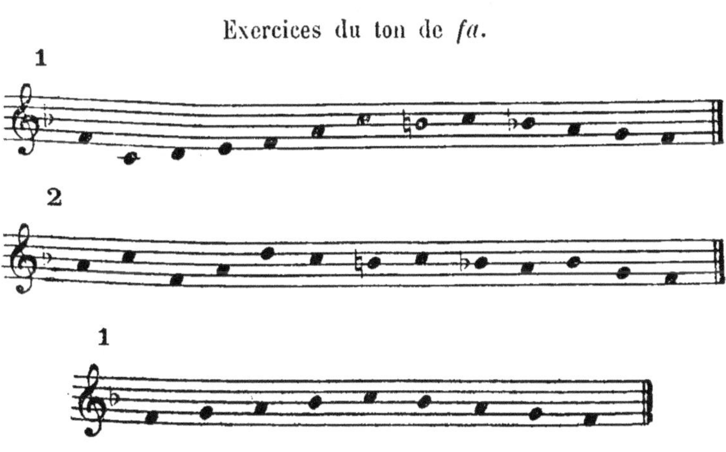

2

1

4

Nota. — Mes petits élèves ont vu que lorsque je posais un *fa dièse* à la clef, nous avions le ton de *sol*, et comme ils savent très bien dans quel ordre se succèdent les notes de la gamme, il me sera facile de leur faire comprendre et retenir *qu'ils trouveront toujours la première note de la gamme au-dessus du dernier dièse que j'aurai mis à la clef;* que par conséquent :

si j'ajoute un *ut dièse* je serai en *ré*,

si j'ajoute un *sol dièse* je serai en *la*

si j'ajoute un *ré dièse* je serai en *mi*.

Pour les gammes où il y a des bémols, on les reconnaîtra aussi aisément, mais par un autre procédé. Nous avons vu qu'avec un seul bémol nous étions en *fa*.

Maintenant disons que dès qu'il y en aura *deux* ou *plus*, ce sera toujours sur l'*avant-dernier* que commencera la gamme. Ainsi :

lorsque j'aurai *si* et *mi* bémols

je serai en *si* bémol,

lorsque j'aurai *si*, *mi* et *la* bémols

je serai en *mi* bémol

Lorsque j'aurai *si mi la* et *ré* bémols

je serai en *la* bémol.

C'est là tout ce que mes petits musiciens ont besoin de savoir pour le moment. Quant aux *relatifs mineurs*, c'est une grosse affaire dont nous ne pouvons leur parler encore. On trouvera au chapitre suivant tout ce que je crois utile de leur dire au sujet du *ton mineur* en général.

CHAPITRE V

Les personnes qui s'occupent de l'éducation de l'enfance ont presque toujours un talent particulier pour *conter des histoires*. J'engagerai les directrices d'écoles maternelles à user de ce talent pour expliquer agréablement à leurs élèves la différence du ton majeur et du ton mineur, et à se servir à cette occasion de ces fameux *airs de trois notes* sur lesquels certains professeurs croient pouvoir baser l'enseignement musical du premier âge.

Par exemple nous raconterons que le petit Jacques, à qui sa mère avait bien défendu pourtant de s'éloigner de la maison, part un beau matin à la découverte, en sifflotant l'air suivant :

Mais après avoir fait un bout de chemin, le petit Jacques s'égare, ainsi qu'il était facile de le prévoir, et le voilà bien inquiet. D'abord il fait assez bonne contenance, et pour ne pas paraître effrayé, il veut continuer sa chanson, mais c'est sur un ton triste et lamentable qu'il reprend :

Enfin, par bonheur, il rencontre un bon chien du voisinage qui le reconnait, lui fait fête, jappe autour de lui, et le ramène au logis, de sorte que Jacques rentre en sifflant de nouveau sur un ton joyeux :

Il va sans dire qu'on pourra varier les détails de l'histoire aussi bien que la disposition des notes; pourvu que la différence des tierces (majeure et mineure) puisse être constatée, cela suffit; ainsi, on emploierait avec le même succès le *clairon* suivant (toujours en *la*, à cause de l'étendue du *registre* enfantin).

CHAPITRE VI

Puisque nous voilà en possession des tons les plus usités, nous allons apprendre à chanter les accords, de manière à savoir bien *établir* les tons de nos exercices et de nos petits morceaux, avant de les commmencer.

Je donnerai la note la plus grave de l'accord; un des groupes d'enfants donnera la note intermédiaire, et l'autre groupe donnera la note supérieure, et nous ferons résonner les trois parties ensemble jusqu'à ce que l'accord soit bien complet.

Vers la fin de l'année scolaire, il sera bon de revoir dans des tons différents, les exercices faits précédemment en *ut* (*lecture chantée, intervalles, gammes mesurées, dictée,* etc.); les gammes de *sol* et de *fa* ne sont pas favorables pour cela, parce que leurs octaves sont inabordables pour les voix enfantines; mais les tons de *ré majeur* et de *mi bémol* seront excellents.

Pour terminer, voici quelques phrases chorales dans plusieurs tons, que les professeurs feront étudier s'il leur reste du temps, et s'ils voient quelque profit à les entreprendre. (Ces phrases seront écrites au tableau).

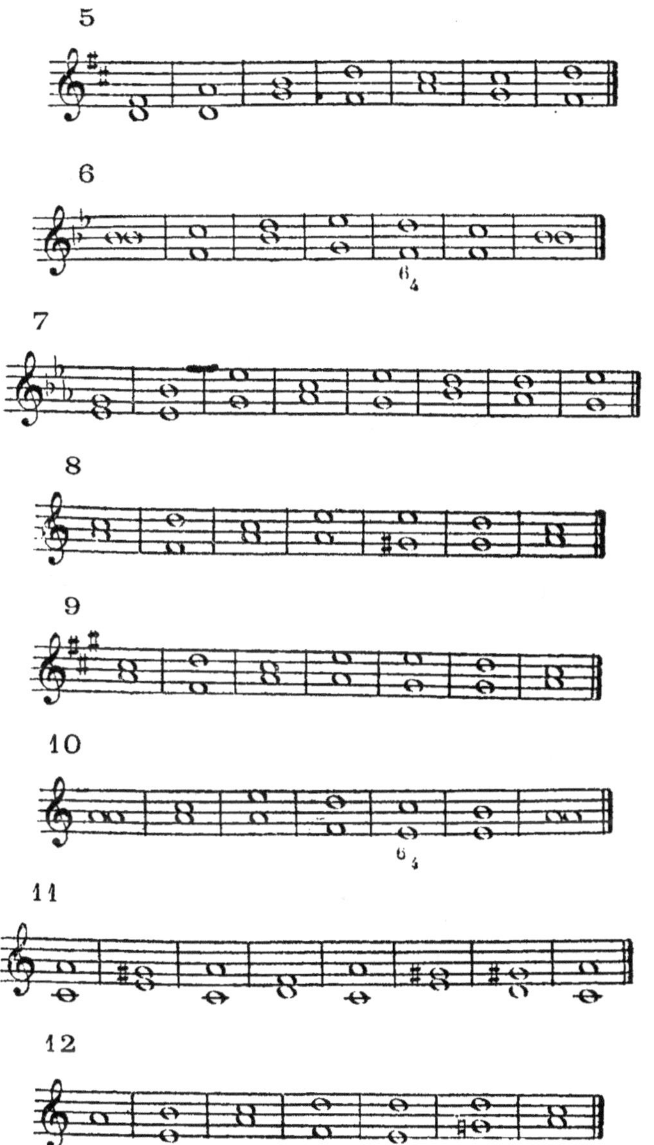

Les quatre derniers exercices pourront être chantés également en *la majeur* ou en *la mineur*.

EXÉCUTION DES CHANTS AVEC PAROLES

Malgré tout l'attrait que j'espère avoir donné à l'enseignement des premières notions *d'ensemble choral*, je ne prétends nullement rompre avec l'habitude que l'on a de faire apprendre, aux petits enfants des salles d'asile, des chants à *l'unisson* et avec *paroles*. Ce ne sera même pas, à mes yeux, l'un des moindres avantages de mes principes que d'obtenir, grâce à leur application, une exécution correcte et distinguée de ces chants.

Si nous sommes parvenus à développer chez l'enfant la rectitude de l'oreille et de l'organe vocal, il importe en même temps de lui inculquer les habitudes du bon goût et du bon style. Avant tout l'on doit apporter le soin le plus minutieux au choix des morceaux destinés à la première enfance. Il faut : 1° Qu'ils soient circonscrits dans les limites du registre enfantin (limites que nous avons indiquées); 2° Que les mélodies soient bien franches, bien rythmées et *caractéristiques* autant que possible; ainsi une *berceuse*, une *pastorale*, une *marche*, une *ronde* ou une *valse*, etc., auront toutes les chances de succès. 3° Que les *paroles* soient, ainsi que les *sujets*, bien à la portée de l'enfance, afin que rien ne donne lieu à des explications difficiles.

Il arrive souvent qu'un petit chant, qui avait paru fort joli au premier abord, ne produit pas du tout l'effet qu'on en attendait (il suffit pour cela d'une note trop sourde ou d'une syllabe mal placée) ; dans ce cas on doit l'abandonner sans miséricorde.

Lorsqu'un petit morceau aura été digne d'être mis à l'étude, il sera bon de le faire entendre aux jeunes élèves, et de leur en faire bien comprendre les paroles ; et le professeur veillera à ce qu'ils les prononcent bien distinctement et en y mettant l'intention voulue.

C'est seulement à la suite de ce premier exercice que l'on apprendra la mélodie. Elle devra être enseignée phrase par phrase (*avec paroles*). On veillera soigneusement à ce que les respirations soient bien placées, ce qui est de la plus haute importance, car, de la respiration bien réglée, dépend *la bonne émission du son.*

La *respiration* doit être subordonnée au sens poétique et musical ; elle ne doit jamais couper le membre de phrase, et encore moins le mot ; cependant, comme il faut qu'elle soit toujours suffisante pour alimenter le son et *l'articulation,* on fera bien d'habituer les élèves à la renouveler *à bouche ouverte,* c'est-à-dire qu'ils ne devront fermer complètement la bouche qu'à la fin des morceaux. *Émission* et *respiration* seront ainsi grandement facilitées.

Après toutes ces études préliminaires, on commencera à faire exécuter le petit chant, en faisant bien observer la mesure, que les enfants battront avec régularité et précision, sans indécision ni mollesse. Grâce à tant de soins, nous arriverons à dégager de toute vulgarité les voix de nos petits élèves, qui bientôt auront horreur autant que nous-mêmes de l'affreux hurlement que l'on entend trop souvent dans les campagnes, où les enfants des écoles crient généralement comme des forcenés et détonnent outrageusement sans que personne y mette ordre.

Il sera publié ultérieurement un recueil de petits chants, lorsque nous serons parvenus à en réunir un assez grand nombre de favorables en tous points, ce qui n'est pas chose facile.

En attendant, on trouvera ici une mélodie, *le Moulin,* écrite pour mes petits élèves par M. Bourgault-Ducoudray, professeur au Conservatoire, ainsi qu'une petite *Retraite* que j'ai composée pour eux, et que je donne comme exemple, parce qu'elle se trouve dans les meilleures conditions de sonorité.

Parmi les morceaux qui m'ont le mieux réussi jusqu'à présent, je citerai quelques-uns des *canons* de ma collection(1), notamment le premier : *Enfant docile,* et le second : *Le marteau fait en frappant.* Les enfants chantent deux fois le premier paragraphe du *canon,* et la seconde fois, je les accompagne en chantant le second ou le troisième paragraphe.

---

(1) *Récréations chorales.* 24 canons composés par *Antonio Salieri,* publiés par Mlle L. COLLIN. In-8º cartonné, 1 fr. 50. — Librairie Ch. Delagrave.

A MES PETITS AMIS

LES TRÈS EXCELLENTS ÉLÈVES DE MADEMOISELLE COLLIN

LE MOULIN

PAR

L.-A. BOURGAULT-DUCOUDRAY

PROFESSEUR AU CONSERVATOIRE

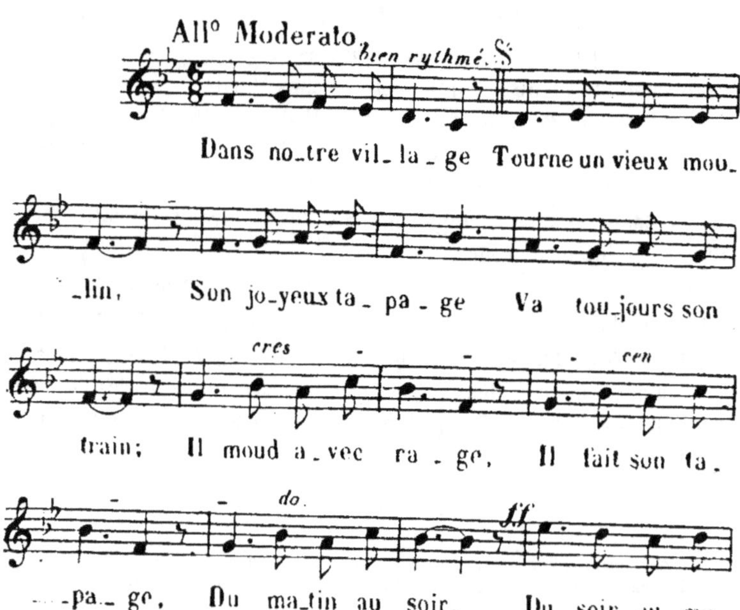

FIN. 1er COUPLET.
tin.
La meu_niè_re est bon _ ne,
L'homme est gé_né_reux,   Et   chez eux per_son _ne
Qui ne soit heu _ reux: Leur tendresse don_ne,   Donne
aux mal_heu_reux.   Dans no_tre vil_ la _ ge
2d COUPLET
doux
Et dans la de _ meu _ re   Où tout est ri_
_ ant,   Dès l'aube à tou_te heu_re   Joue un bel en_
_fant,   Qui jamais ne pleure   Mais   chan_te gai_
ment   Dans   no_tre vil_la ge.

RETRAITE (L. Collin)

2

Tous les jours nous reviendrons
Joyeux à l'étude
Et du travail nous prendrons
La bonne habitude
En chantant rataplan, etc.

RÉCAPITULATION

Terminons par une récapitulation sommaire des résultats obtenus dans notre année d'enseignement musical enfantin.

Nos élèves sauront : 1° *Reconnaître* et *nommer* les notes que nous leur ferons entendre et au besoin donner eux-mêmes le *la*, c'est-à-dire qu'il sauront trouver le son *relatif* et le son *absolu*. 2° Trouver sur la *portée* la place des notes *dictées*, et les écrire sur leurs ardoises et au tableau. 3° Faire la *lecture parlée* et *chantée* des notes que nous leur désignerons sur l'echelle écrite au tableau. 4° Chanter les intervalles écrits, et reconnaître à l'audition les intervalles chantés. 5° Chanter les gammes mesurées, en battant la mesure à 2, à 3 et à 4 temps. Ils auront acquis en outre une habitude suffisante du chant à deux parties : 1° Pour exécuter immédiatement *ensemble* une courte phrase (en rondes). 2° Pour trouver la basse à mettre sous des notes dictées par le professeur (qui choisira, pour cet exercice, quelques-unes des phrases contenues dans la méthode). 3° Pour reconstituer eux-mêmes, *à l'aide des cartes*, sous la direction du professeur, les courtes phrases chorales qu'on leur aura fait étudier.

Enfin, ils auront appris un certain nombre de petits chants choisis, qu'ils exécuteront avec goût et justesse et en battant régulièrement la mesure.

Ces résultats si importants, c'est à notre persévérance méthodique que nous les devrons. En consacrant chaque jour *un quart d'heure* à l'étude de la musique, nous serons parvenus à remplir un programme assez chargé, et nous en aurons dissimulé avec tant de soin les difficultés, qu'elles auront passé inaperçues aux yeux de nos petits élèves, et que c'est en se jouant qu'ils les auront vaincues.

La musique est du nombre des choses qu'on apprend aisément dans la grande jeunesse et péniblement plus tard ; si, en France, on ne réussit pas à faire de nos enfants de meilleurs lecteurs, c'est qu'on leur fait commencer la théorie de la musique vers huit ans, c'est-à-dire déjà trop tard, et alors qu'on n'a plus qu'une parcelle de temps insignifiante à lui consacrer. Soyons plus prévoyants, et accordons *un quart d'heure* à la musique à un âge où cet art n'a pas à redouter une concurrence considérable dans les autres branches de l'instruction. Il faut qu'en nous quittant à la fin de leur dernière année de salle d'asile, nos élèves aient acquis tout ce que leur jeune âge comporte de développement du sens auditif et de l'organe vocal, c'est-à-dire la faculté de *discerner et de produire les sons*. Il faut de plus que nous leur ayons fait contracter, dans l'exécution des mélodies enfantines, les précieuses habitudes *du bon goût et du bon style*. Ainsi que nous l'avons dit précédemment, ne perdons pas de vue que nous travaillons pour l'avenir, et que c'est à nous de préparer, dès l'école maternelle, de futurs bons musiciens et de futures bonnes voix.

FIN

Imprimeries réunies. **B**, Puteaux.

Musée industriel scolaire

CONTENANT EN DOUZE TABLEAUX

TOUS LES PRODUITS DE L'INDUSTRIE FRANÇAISE

PAR

C. DORANGEON

Professeur de technologie

| Soixante-quinze industries représentées | Prix : 60 fr. | Plus de douze cents échantillons |

Chaque tableau comprend douze séries et chaque série contient en moyenne dix échantillons. Grâce à un ingénieux système d'attache, le maître peut non seulement détacher chaque série du tableau, mais aussi chacun des échantillons. Ce procédé lui permet de ne faire passer sous les yeux de l'élève que l'échantillon qui est l'objet de son étude.

DIVISION DU MUSÉE SCOLAIRE

Le musée scolaire est divisé en quatre parties correspondant aux besoins matériels et intellectuels de l'homme. Ce sont : 1° l'alimentation ; 2° le vêtement ; 3° l'habitation ; 4° les besoins intellectuels.

Alimentation : 3 tableaux.

1er tableau : Graines, farines, pâtes alimentaires.
2e — Légumes secs et épices.
3e — Boissons.

Vêtement : 5 tableaux.

1er tableau : Le lin et le chanvre.
2e — Le coton et le jute.
3e — La laine et la soie.
4e — Le cuir et les peaux
5e — La teinture et le nettoyage.

Habitation : 6 tableaux.

1er tableau : Construction (les pierres et les bois).
2e — Construction (les différents métaux).
3e — Chauffage et éclairage.

Besoins intellectuels : 1 tableau.

Fabrication du papier, des crayons, des plumes, de l'encre ; imprimerie, reliure, etc.

Imprimeries réunies, B, Puteaux